Collection Count Sheet

Date: _____

☐ Tithes / Offerings   ☐ Ministry Event

Cash Received

	Qty	Amount
$100 x	_____	_____
$50 x	_____	_____
$20 x	_____	_____
$10 x	_____	_____
$5 x	_____	_____
$1 x	_____	_____

Total Currency: _____

Total Coins: _____

Cheques Received

Check No.	Contributor	Amount
_____	_____	_____
_____	_____	_____
_____	_____	_____
_____	_____	_____
_____	_____	_____
_____	_____	_____
_____	_____	_____
_____	_____	_____
_____	_____	_____
_____	_____	_____
_____	_____	_____
_____	_____	_____
_____	_____	_____
_____	_____	_____
_____	_____	_____
_____	_____	_____
_____	_____	_____

Total Checks: _____

TOTAL COLLECTIONS: _____

Income from other Ministries

Amount	Purpose
_____	_____
_____	_____
_____	_____

Chesked By:

1. _____

2. _____

Collection Count Sheet

Date: _____

☐ Tithes / Offerings   ☐ Ministry Event

Cash Received

	Qty	Amount
$100 x	_____	_____
$50 x	_____	_____
$20 x	_____	_____
$10 x	_____	_____
$5 x	_____	_____
$1 x	_____	_____

Total Currency: _____

Total Coins: _____

Cheques Received

Check No.	Contributor	Amount
_____	_____	_____
_____	_____	_____
_____	_____	_____
_____	_____	_____
_____	_____	_____
_____	_____	_____
_____	_____	_____
_____	_____	_____
_____	_____	_____
_____	_____	_____
_____	_____	_____
_____	_____	_____
_____	_____	_____
_____	_____	_____
_____	_____	_____
_____	_____	_____

Total Checks: _____

TOTAL COLLECTIONS: _____

Income from other Ministries

Amount	Purpose
_____	_____
_____	_____
_____	_____

Chesked By:

1. _____

2. _____

Collection Count Sheet

Date: _____

☐ Tithes / Offerings   ☐ Ministry Event

Cash Received

	Qty	Amount
$100 x	_____	_____
$50 x	_____	_____
$20 x	_____	_____
$10 x	_____	_____
$5 x	_____	_____
$1 x	_____	_____

Total Currency: _____

Total Coins: _____

Cheques Received

Check No.	Contributor	Amount
_____	_____	_____
_____	_____	_____
_____	_____	_____
_____	_____	_____
_____	_____	_____
_____	_____	_____
_____	_____	_____
_____	_____	_____
_____	_____	_____
_____	_____	_____
_____	_____	_____
_____	_____	_____
_____	_____	_____
_____	_____	_____
_____	_____	_____
_____	_____	_____
_____	_____	_____

Total Checks: _____

TOTAL COLLECTIONS: _____

Income from other Ministries

Amount	Purpose
_____	_____
_____	_____
_____	_____

Chesked By:

1. _____

2. _____

Collection Count Sheet

Date: _____

☐ Tithes / Offerings   ☐ Ministry Event

Cash Received

	Qty	Amount
$100 x	_____	_____
$50 x	_____	_____
$20 x	_____	_____
$10 x	_____	_____
$5 x	_____	_____
$1 x	_____	_____

Total Currency: _____

Total Coins: _____

Cheques Received

Check No.	Contributor	Amount
_____	_____	_____
_____	_____	_____
_____	_____	_____
_____	_____	_____
_____	_____	_____
_____	_____	_____
_____	_____	_____
_____	_____	_____
_____	_____	_____
_____	_____	_____
_____	_____	_____
_____	_____	_____
_____	_____	_____
_____	_____	_____
_____	_____	_____

Total Checks: _____

TOTAL COLLECTIONS: _____

Income from other Ministries

Amount	Purpose
_____	_____
_____	_____
_____	_____

Chesked By:

1. _____

2. _____

Collection Count Sheet

Date: _____

☐ Tithes / Offerings   ☐ Ministry Event

Cash Received

	Qty		Amount
$100 x	_____		_____
$50 x	_____		_____
$20 x	_____		_____
$10 x	_____		_____
$5 x	_____		_____
$1 x	_____		_____

Total Currency: _____

Total Coins: _____

Cheques Received

Check No.	Contributor	Amount
_____	_____	_____
_____	_____	_____
_____	_____	_____
_____	_____	_____
_____	_____	_____
_____	_____	_____
_____	_____	_____
_____	_____	_____
_____	_____	_____
_____	_____	_____
_____	_____	_____
_____	_____	_____
_____	_____	_____
_____	_____	_____
_____	_____	_____
_____	_____	_____
_____	_____	_____
_____	_____	_____

Total Checks: _____

TOTAL COLLECTIONS: _____

Income from other Ministries

Amount	Purpose
_____	_____
_____	_____
_____	_____

Chesked By:

1. _____

2. _____

Collection Count Sheet

Date: _____

☐ Tithes / Offerings   ☐ Ministry Event

Cash Received

	Qty	Amount
$100 x	_____	_____
$50 x	_____	_____
$20 x	_____	_____
$10 x	_____	_____
$5 x	_____	_____
$1 x	_____	_____

Total Currency: _____

Total Coins: _____

Cheques Received

Check No.	Contributor	Amount
_____	_____	_____
_____	_____	_____
_____	_____	_____
_____	_____	_____
_____	_____	_____
_____	_____	_____
_____	_____	_____
_____	_____	_____
_____	_____	_____
_____	_____	_____
_____	_____	_____
_____	_____	_____
_____	_____	_____
_____	_____	_____
_____	_____	_____

Total Checks: _____

TOTAL COLLECTIONS: _____

Income from other Ministries

Amount	Purpose
_____	_____
_____	_____
_____	_____

Chesked By:

1. _____

2. _____

Collection Count Sheet

Date: _____

☐ Tithes / Offerings   ☐ Ministry Event

Cash Received

	Qty	Amount
$100 x	_____	_____
$50 x	_____	_____
$20 x	_____	_____
$10 x	_____	_____
$5 x	_____	_____
$1 x	_____	_____

Total Currency: _____

Total Coins: _____

Cheques Received

Check No.	Contributor	Amount
_____	_____	_____
_____	_____	_____
_____	_____	_____
_____	_____	_____
_____	_____	_____
_____	_____	_____
_____	_____	_____
_____	_____	_____
_____	_____	_____
_____	_____	_____
_____	_____	_____
_____	_____	_____
_____	_____	_____
_____	_____	_____
_____	_____	_____
_____	_____	_____
_____	_____	_____
_____	_____	_____

Total Checks: _____

TOTAL COLLECTIONS: _____

Income from other Ministries

Amount	Purpose
_____	_____
_____	_____
_____	_____

Chesked By:

1. _____

2. _____

Collection Count Sheet

Date: _____

☐ Tithes / Offerings   ☐ Ministry Event

Cash Received

	Qty	Amount
$100 x	_____	_____
$50 x	_____	_____
$20 x	_____	_____
$10 x	_____	_____
$5 x	_____	_____
$1 x	_____	_____

Total Currency: _____

Total Coins: _____

Cheques Received

Check No.	Contributor	Amount
_____	_____	_____
_____	_____	_____
_____	_____	_____
_____	_____	_____
_____	_____	_____
_____	_____	_____
_____	_____	_____
_____	_____	_____
_____	_____	_____
_____	_____	_____
_____	_____	_____
_____	_____	_____
_____	_____	_____
_____	_____	_____
_____	_____	_____

Total Checks: _____

TOTAL COLLECTIONS: _____

Income from other Ministries

Amount	Purpose
_____	_____
_____	_____
_____	_____

Chesked By:

1. _____

2. _____

Collection Count Sheet

Date: _____

☐ Tithes / Offerings   ☐ Ministry Event

Cash Received

	Qty	Amount
$100 x	_____	_____
$50 x	_____	_____
$20 x	_____	_____
$10 x	_____	_____
$5 x	_____	_____
$1 x	_____	_____

Total Currency: _____

Total Coins: _____

Cheques Received

Check No.	Contributor	Amount
_____	_____	_____
_____	_____	_____
_____	_____	_____
_____	_____	_____
_____	_____	_____
_____	_____	_____
_____	_____	_____
_____	_____	_____
_____	_____	_____
_____	_____	_____
_____	_____	_____
_____	_____	_____
_____	_____	_____
_____	_____	_____
_____	_____	_____
_____	_____	_____
_____	_____	_____
_____	_____	_____

Total Checks: _____

TOTAL COLLECTIONS: _____

Income from other Ministries

Amount	Purpose
_____	_____
_____	_____
_____	_____

Chesked By:

1. _____

2. _____

Collection Count Sheet

Date: _____

☐ Tithes / Offerings   ☐ Ministry Event

Cash Received

	Qty	Amount
$100 x	_____	_____
$50 x	_____	_____
$20 x	_____	_____
$10 x	_____	_____
$5 x	_____	_____
$1 x	_____	_____

Total Currency: _____

Total Coins: _____

Cheques Received

Check No.	Contributor	Amount
_____	_____	_____
_____	_____	_____
_____	_____	_____
_____	_____	_____
_____	_____	_____
_____	_____	_____
_____	_____	_____
_____	_____	_____
_____	_____	_____
_____	_____	_____
_____	_____	_____
_____	_____	_____
_____	_____	_____
_____	_____	_____
_____	_____	_____
_____	_____	_____

Total Checks: _____

TOTAL COLLECTIONS: _____

Income from other Ministries

Amount	Purpose
_____	_____
_____	_____
_____	_____

Chesked By:

1. _____

2. _____

Collection Count Sheet

Date: _____

☐ Tithes / Offerings   ☐ Ministry Event

Cash Received

	Qty	Amount
$100 x	_____	_____
$50 x	_____	_____
$20 x	_____	_____
$10 x	_____	_____
$5 x	_____	_____
$1 x	_____	_____

Total Currency: _____

Total Coins: _____

Cheques Received

Check No.	Contributor	Amount
_____	_____	_____
_____	_____	_____
_____	_____	_____
_____	_____	_____
_____	_____	_____
_____	_____	_____
_____	_____	_____
_____	_____	_____
_____	_____	_____
_____	_____	_____
_____	_____	_____
_____	_____	_____
_____	_____	_____
_____	_____	_____
_____	_____	_____
_____	_____	_____
_____	_____	_____

Total Checks: _____

TOTAL COLLECTIONS: _____

Income from other Ministries

Amount	Purpose
_____	_____
_____	_____
_____	_____

Chesked By:

1. _____

2. _____

Collection Count Sheet

Date: _____

☐ Tithes / Offerings   ☐ Ministry Event   _____

Cash Received

	Qty	Amount
$100 x	_____	_____
$50 x	_____	_____
$20 x	_____	_____
$10 x	_____	_____
$5 x	_____	_____
$1 x	_____	_____

Total Currency: _____

Total Coins: _____

Cheques Received

Check No.	Contributor	Amount
_____	_____	_____
_____	_____	_____
_____	_____	_____
_____	_____	_____
_____	_____	_____
_____	_____	_____
_____	_____	_____
_____	_____	_____
_____	_____	_____
_____	_____	_____
_____	_____	_____
_____	_____	_____
_____	_____	_____
_____	_____	_____
_____	_____	_____
_____	_____	_____

Total Checks: _____

TOTAL COLLECTIONS: _____

Income from other Ministries

Amount	Purpose
_____	_____
_____	_____
_____	_____

Chesked By:

1. _____

2. _____

Collection Count Sheet

Date: _____

☐ Tithes / Offerings ☐ Ministry Event

Cash Received

	Qty	Amount
$100 x	_____	_____
$50 x	_____	_____
$20 x	_____	_____
$10 x	_____	_____
$5 x	_____	_____
$1 x	_____	_____

Total Currency: _____

Total Coins: _____

Cheques Received

Check No.	Contributor	Amount
_____	_____	_____
_____	_____	_____
_____	_____	_____
_____	_____	_____
_____	_____	_____
_____	_____	_____
_____	_____	_____
_____	_____	_____
_____	_____	_____
_____	_____	_____
_____	_____	_____
_____	_____	_____
_____	_____	_____
_____	_____	_____
_____	_____	_____
_____	_____	_____
_____	_____	_____
_____	_____	_____

Total Checks: _____

TOTAL COLLECTIONS: _____

Income from other Ministries

Amount	Purpose
_____	_____
_____	_____
_____	_____

Chesked By:

1. _____

2. _____

Collection Count Sheet

Date: _____

☐ Tithes / Offerings ☐ Ministry Event

Cash Received

	Qty	Amount
$100 x	_____	_____
$50 x	_____	_____
$20 x	_____	_____
$10 x	_____	_____
$5 x	_____	_____
$1 x	_____	_____

Total Currency: _____

Total Coins: _____

Cheques Received

Check No.	Contributor	Amount
_____	_____	_____
_____	_____	_____
_____	_____	_____
_____	_____	_____
_____	_____	_____
_____	_____	_____
_____	_____	_____
_____	_____	_____
_____	_____	_____
_____	_____	_____
_____	_____	_____
_____	_____	_____
_____	_____	_____
_____	_____	_____
_____	_____	_____

Total Checks: _____

TOTAL COLLECTIONS: _____

Income from other Ministries

Amount	Purpose
_____	_____
_____	_____
_____	_____

Chesked By:

1. _____

2. _____

Collection Count Sheet

Date: _____

☐ Tithes / Offerings   ☐ Ministry Event

Cash Received

	Qty	Amount
$100 x	_____	_____
$50 x	_____	_____
$20 x	_____	_____
$10 x	_____	_____
$5 x	_____	_____
$1 x	_____	_____

Total Currency: _____

Total Coins: _____

Cheques Received

Check No.	Contributor	Amount
_____	_____	_____
_____	_____	_____
_____	_____	_____
_____	_____	_____
_____	_____	_____
_____	_____	_____
_____	_____	_____
_____	_____	_____
_____	_____	_____
_____	_____	_____
_____	_____	_____
_____	_____	_____
_____	_____	_____
_____	_____	_____
_____	_____	_____
_____	_____	_____

Total Checks: _____

TOTAL COLLECTIONS: _____

Income from other Ministries

Amount	Purpose
_____	_____
_____	_____
_____	_____

Chesked By:

1. _____

2. _____

Collection Count Sheet

Date: _____

☐ Tithes / Offerings ☐ Ministry Event

Cash Received

	Qty		Amount
$100	x	_____	_____
$50	x	_____	_____
$20	x	_____	_____
$10	x	_____	_____
$5	x	_____	_____
$1	x	_____	_____

Total Currency: _____

Total Coins: _____

Cheques Received

Check No.	Contributor	Amount
_____	_____	_____
_____	_____	_____
_____	_____	_____
_____	_____	_____
_____	_____	_____
_____	_____	_____
_____	_____	_____
_____	_____	_____
_____	_____	_____
_____	_____	_____
_____	_____	_____
_____	_____	_____
_____	_____	_____
_____	_____	_____
_____	_____	_____
_____	_____	_____
_____	_____	_____

Total Checks: _____

TOTAL COLLECTIONS: _____

Income from other Ministries

Amount	Purpose
_____	_____
_____	_____
_____	_____

Chesked By:

1. _____

2. _____

Collection Count Sheet

Date: _____

☐ Tithes / Offerings   ☐ Ministry Event

Cash Received

	Qty	Amount
$100 x	_____	_____
$50 x	_____	_____
$20 x	_____	_____
$10 x	_____	_____
$5 x	_____	_____
$1 x	_____	_____

Total Currency: _____

Total Coins: _____

Cheques Received

Check No.	Contributor	Amount
_____	_____	_____
_____	_____	_____
_____	_____	_____
_____	_____	_____
_____	_____	_____
_____	_____	_____
_____	_____	_____
_____	_____	_____
_____	_____	_____
_____	_____	_____
_____	_____	_____
_____	_____	_____
_____	_____	_____
_____	_____	_____
_____	_____	_____
_____	_____	_____
_____	_____	_____

Total Checks: _____

TOTAL COLLECTIONS: _____

Income from other Ministries

Amount	Purpose
_____	_____
_____	_____
_____	_____

Chesked By:

1. _____

2. _____

Collection Count Sheet

Date: _____

☐ Tithes / Offerings ☐ Ministry Event

Cash Received

	Qty	Amount
$100 x	_____	_____
$50 x	_____	_____
$20 x	_____	_____
$10 x	_____	_____
$5 x	_____	_____
$1 x	_____	_____

Total Currency: _____

Total Coins: _____

Cheques Received

Check No.	Contributor	Amount
_____	_____	_____
_____	_____	_____
_____	_____	_____
_____	_____	_____
_____	_____	_____
_____	_____	_____
_____	_____	_____
_____	_____	_____
_____	_____	_____
_____	_____	_____
_____	_____	_____
_____	_____	_____
_____	_____	_____
_____	_____	_____
_____	_____	_____
_____	_____	_____

Total Checks: _____

TOTAL COLLECTIONS: _____

Income from other Ministries

Amount	Purpose
_____	_____
_____	_____
_____	_____

Chesked By:

1. _____

2. _____

Collection Count Sheet

Date: _____

☐ Tithes / Offerings   ☐ Ministry Event

Cash Received

	Qty	Amount
$100 x	_____	_____
$50 x	_____	_____
$20 x	_____	_____
$10 x	_____	_____
$5 x	_____	_____
$1 x	_____	_____

Total Currency: _____

Total Coins: _____

Cheques Received

Check No.	Contributor	Amount
_____	_____	_____
_____	_____	_____
_____	_____	_____
_____	_____	_____
_____	_____	_____
_____	_____	_____
_____	_____	_____
_____	_____	_____
_____	_____	_____
_____	_____	_____
_____	_____	_____
_____	_____	_____
_____	_____	_____
_____	_____	_____
_____	_____	_____
_____	_____	_____
_____	_____	_____
_____	_____	_____

Total Checks: _____

TOTAL COLLECTIONS: _____

Income from other Ministries

Amount	Purpose
_____	_____
_____	_____
_____	_____

Chesked By:

1. _____

2. _____

Collection Count Sheet

Date: _____

☐ Tithes / Offerings ☐ Ministry Event _____

Cash Received

	Qty		Amount
$100	x	_____	_____
$50	x	_____	_____
$20	x	_____	_____
$10	x	_____	_____
$5	x	_____	_____
$1	x	_____	_____

Total Currency: _____

Total Coins: _____

Cheques Received

Check No.	Contributor	Amount
_____	_____	_____
_____	_____	_____
_____	_____	_____
_____	_____	_____
_____	_____	_____
_____	_____	_____
_____	_____	_____
_____	_____	_____
_____	_____	_____
_____	_____	_____
_____	_____	_____
_____	_____	_____
_____	_____	_____
_____	_____	_____
_____	_____	_____
_____	_____	_____

Total Checks: _____

TOTAL COLLECTIONS: _____

Income from other Ministries

Amount	Purpose
_____	_____
_____	_____
_____	_____

Chesked By:

1. _____

2. _____

Collection Count Sheet

Date: _____

☐ Tithes / Offerings ☐ Ministry Event

Cash Received

	Qty	Amount
$100 x	_____	_____
$50 x	_____	_____
$20 x	_____	_____
$10 x	_____	_____
$5 x	_____	_____
$1 x	_____	_____

Total Currency: _____

Total Coins: _____

Cheques Received

Check No.	Contributor	Amount
_____	_____	_____
_____	_____	_____
_____	_____	_____
_____	_____	_____
_____	_____	_____
_____	_____	_____
_____	_____	_____
_____	_____	_____
_____	_____	_____
_____	_____	_____
_____	_____	_____
_____	_____	_____
_____	_____	_____
_____	_____	_____
_____	_____	_____

Total Checks: _____

TOTAL COLLECTIONS: _____

Income from other Ministries

Amount	Purpose
_____	_____
_____	_____
_____	_____

Chesked By:

1. _____

2. _____

Collection Count Sheet

Date: _____

☐ Tithes / Offerings ☐ Ministry Event

Cash Received

	Qty	Amount
$100 x	_____	_____
$50 x	_____	_____
$20 x	_____	_____
$10 x	_____	_____
$5 x	_____	_____
$1 x	_____	_____

Total Currency: _____

Total Coins: _____

Cheques Received

Check No.	Contributor	Amount
_____	_____	_____
_____	_____	_____
_____	_____	_____
_____	_____	_____
_____	_____	_____
_____	_____	_____
_____	_____	_____
_____	_____	_____
_____	_____	_____
_____	_____	_____
_____	_____	_____
_____	_____	_____
_____	_____	_____
_____	_____	_____
_____	_____	_____
_____	_____	_____

Total Checks: _____

TOTAL COLLECTIONS: _____

Income from other Ministries

Amount	Purpose
_____	_____
_____	_____
_____	_____

Chesked By:

1. _____

2. _____

Collection Count Sheet

Date: _____

☐ Tithes / Offerings   ☐ Ministry Event

Cash Received

	Qty	Amount
$100 x	_____	_____
$50 x	_____	_____
$20 x	_____	_____
$10 x	_____	_____
$5 x	_____	_____
$1 x	_____	_____

Total Currency: _____

Total Coins: _____

Cheques Received

Check No.	Contributor	Amount
_____	_____	_____
_____	_____	_____
_____	_____	_____
_____	_____	_____
_____	_____	_____
_____	_____	_____
_____	_____	_____
_____	_____	_____
_____	_____	_____
_____	_____	_____
_____	_____	_____
_____	_____	_____
_____	_____	_____
_____	_____	_____
_____	_____	_____
_____	_____	_____
_____	_____	_____

Total Checks: _____

TOTAL COLLECTIONS: _____

Income from other Ministries

Amount	Purpose
_____	_____
_____	_____
_____	_____

Chesked By:

1. _____

2. _____

Collection Count Sheet

Date: _____

☐ Tithes / Offerings   ☐ Ministry Event

Cash Received

	Qty	Amount
$100 x	_____	_____
$50 x	_____	_____
$20 x	_____	_____
$10 x	_____	_____
$5 x	_____	_____
$1 x	_____	_____

Total Currency: _____

Total Coins: _____

Cheques Received

Check No.	Contributor	Amount
_____	_____	_____
_____	_____	_____
_____	_____	_____
_____	_____	_____
_____	_____	_____
_____	_____	_____
_____	_____	_____
_____	_____	_____
_____	_____	_____
_____	_____	_____
_____	_____	_____
_____	_____	_____
_____	_____	_____
_____	_____	_____
_____	_____	_____

Total Checks: _____

TOTAL COLLECTIONS: _____

Income from other Ministries

Amount	Purpose
_____	_____
_____	_____
_____	_____

Chesked By:

1. _____

2. _____

Collection Count Sheet

Date: _____

☐ Tithes / Offerings ☐ Ministry Event

Cash Received

	Qty	Amount
$100 x	_____	_____
$50 x	_____	_____
$20 x	_____	_____
$10 x	_____	_____
$5 x	_____	_____
$1 x	_____	_____

Total Currency: _____

Total Coins: _____

Cheques Received

Check No.	Contributor	Amount
_____	_____	_____
_____	_____	_____
_____	_____	_____
_____	_____	_____
_____	_____	_____
_____	_____	_____
_____	_____	_____
_____	_____	_____
_____	_____	_____
_____	_____	_____
_____	_____	_____
_____	_____	_____
_____	_____	_____
_____	_____	_____
_____	_____	_____
_____	_____	_____

Total Checks: _____

TOTAL COLLECTIONS: _____

Income from other Ministries

Amount	Purpose
_____	_____
_____	_____
_____	_____

Chesked By:

1. _____

2. _____

Collection Count Sheet

Date: _____

☐ Tithes / Offerings   ☐ Ministry Event   _____

Cash Received

	Qty	Amount
$100 x	_____	_____
$50 x	_____	_____
$20 x	_____	_____
$10 x	_____	_____
$5 x	_____	_____
$1 x	_____	_____

Total Currency: _____

Total Coins: _____

Cheques Received

Check No.	Contributor	Amount
_____	_____	_____
_____	_____	_____
_____	_____	_____
_____	_____	_____
_____	_____	_____
_____	_____	_____
_____	_____	_____
_____	_____	_____
_____	_____	_____
_____	_____	_____
_____	_____	_____
_____	_____	_____
_____	_____	_____
_____	_____	_____
_____	_____	_____
_____	_____	_____

Total Checks: _____

TOTAL COLLECTIONS: _____

Income from other Ministries

Amount	Purpose
_____	_____
_____	_____
_____	_____

Chesked By:

1. _____

2. _____

Collection Count Sheet

Date: _____

☐ Tithes / Offerings ☐ Ministry Event

Cash Received

		Qty	Amount
$100	x	_____	_____
$50	x	_____	_____
$20	x	_____	_____
$10	x	_____	_____
$5	x	_____	_____
$1	x	_____	_____

Total Currency: _____

Total Coins: _____

Cheques Received

Check No.	Contributor	Amount
_____	_____	_____
_____	_____	_____
_____	_____	_____
_____	_____	_____
_____	_____	_____
_____	_____	_____
_____	_____	_____
_____	_____	_____
_____	_____	_____
_____	_____	_____
_____	_____	_____
_____	_____	_____
_____	_____	_____
_____	_____	_____
_____	_____	_____
_____	_____	_____
_____	_____	_____
_____	_____	_____

Total Checks: _____

TOTAL COLLECTIONS: _____

Income from other Ministries

Amount	Purpose
_____	_____
_____	_____
_____	_____

Chesked By:

1. _____

2. _____

Collection Count Sheet

Date: _____

☐ Tithes / Offerings   ☐ Ministry Event

Cash Received

	Qty	Amount
$100 x	_____	_____
$50 x	_____	_____
$20 x	_____	_____
$10 x	_____	_____
$5 x	_____	_____
$1 x	_____	_____

Total Currency: _____

Total Coins: _____

Cheques Received

Check No.	Contributor	Amount
_____	_____	_____
_____	_____	_____
_____	_____	_____
_____	_____	_____
_____	_____	_____
_____	_____	_____
_____	_____	_____
_____	_____	_____
_____	_____	_____
_____	_____	_____
_____	_____	_____
_____	_____	_____
_____	_____	_____
_____	_____	_____
_____	_____	_____
_____	_____	_____
_____	_____	_____

Total Checks: _____

TOTAL COLLECTIONS: _____

Income from other Ministries

Amount	Purpose
_____	_____
_____	_____
_____	_____

Chesked By:

1. _____

2. _____

Collection Count Sheet

Date: _____

☐ Tithes / Offerings ☐ Ministry Event

Cash Received

	Qty	Amount
$100 x	_____	_____
$50 x	_____	_____
$20 x	_____	_____
$10 x	_____	_____
$5 x	_____	_____
$1 x	_____	_____

Total Currency: _____

Total Coins: _____

Cheques Received

Check No.	Contributor	Amount
_____	_____	_____
_____	_____	_____
_____	_____	_____
_____	_____	_____
_____	_____	_____
_____	_____	_____
_____	_____	_____
_____	_____	_____
_____	_____	_____
_____	_____	_____
_____	_____	_____
_____	_____	_____
_____	_____	_____
_____	_____	_____
_____	_____	_____
_____	_____	_____
_____	_____	_____

Total Checks: _____

TOTAL COLLECTIONS: _____

Income from other Ministries

Amount	Purpose
_____	_____
_____	_____

Chesked By:

1. _____

2. _____

Collection Count Sheet

Date: _____

☐ Tithes / Offerings   ☐ Ministry Event

Cash Received

	Qty	Amount
$100 x	_____	_____
$50 x	_____	_____
$20 x	_____	_____
$10 x	_____	_____
$5 x	_____	_____
$1 x	_____	_____

Total Currency: _____

Total Coins: _____

Cheques Received

Check No.	Contributor	Amount
_____	_____	_____
_____	_____	_____
_____	_____	_____
_____	_____	_____
_____	_____	_____
_____	_____	_____
_____	_____	_____
_____	_____	_____
_____	_____	_____
_____	_____	_____
_____	_____	_____
_____	_____	_____
_____	_____	_____
_____	_____	_____
_____	_____	_____
_____	_____	_____

Total Checks: _____

TOTAL COLLECTIONS: _____

Income from other Ministries

Amount	Purpose
_____	_____
_____	_____
_____	_____

Chesked By:

1. _____

2. _____

Collection Count Sheet

Date: _____

☐ Tithes / Offerings　　　　☐ Ministry Event

Cash Received

	Qty	Amount
$100 x	_____	_____
$50 x	_____	_____
$20 x	_____	_____
$10 x	_____	_____
$5 x	_____	_____
$1 x	_____	_____

Total Currency: _____

Total Coins: _____

Cheques Received

Check No.	Contributor	Amount
_____	_____	_____
_____	_____	_____
_____	_____	_____
_____	_____	_____
_____	_____	_____
_____	_____	_____
_____	_____	_____
_____	_____	_____
_____	_____	_____
_____	_____	_____
_____	_____	_____
_____	_____	_____
_____	_____	_____
_____	_____	_____
_____	_____	_____
_____	_____	_____

Total Checks: _____

TOTAL COLLECTIONS: _____

Income from other Ministries

Amount	Purpose
_____	_____
_____	_____
_____	_____

Chesked By:

1. _____

2. _____

Collection Count Sheet

Date: _____

☐ Tithes / Offerings   ☐ Ministry Event

Cash Received

	Qty	Amount
$100	x	_____	_____
$50	x	_____	_____
$20	x	_____	_____
$10	x	_____	_____
$5	x	_____	_____
$1	x	_____	_____

Total Currency: _____

Total Coins: _____

Cheques Received

Check No.	Contributor	Amount
_____	_____	_____
_____	_____	_____
_____	_____	_____
_____	_____	_____
_____	_____	_____
_____	_____	_____
_____	_____	_____
_____	_____	_____
_____	_____	_____
_____	_____	_____
_____	_____	_____
_____	_____	_____
_____	_____	_____
_____	_____	_____
_____	_____	_____
_____	_____	_____

Total Checks: _____

TOTAL COLLECTIONS: _____

Income from other Ministries

Amount	Purpose
_____	_____
_____	_____
_____	_____

Chesked By:

1. _____

2. _____

Collection Count Sheet

Date: _____

☐ Tithes / Offerings   ☐ Ministry Event

Cash Received

	Qty	Amount
$100 x	_____	_____
$50 x	_____	_____
$20 x	_____	_____
$10 x	_____	_____
$5 x	_____	_____
$1 x	_____	_____

Total Currency: _____

Total Coins: _____

Cheques Received

Check No.	Contributor	Amount
_____	_____	_____
_____	_____	_____
_____	_____	_____
_____	_____	_____
_____	_____	_____
_____	_____	_____
_____	_____	_____
_____	_____	_____
_____	_____	_____
_____	_____	_____
_____	_____	_____
_____	_____	_____
_____	_____	_____
_____	_____	_____
_____	_____	_____
_____	_____	_____

Total Checks: _____

TOTAL COLLECTIONS: _____

Income from other Ministries

Amount	Purpose
_____	_____
_____	_____
_____	_____

Chesked By:

1. _____

2. _____

Collection Count Sheet

Date: _____

☐ Tithes / Offerings ☐ Ministry Event

Cash Received

	Qty	Amount
$100 x	_____	_____
$50 x	_____	_____
$20 x	_____	_____
$10 x	_____	_____
$5 x	_____	_____
$1 x	_____	_____

Total Currency: _____

Total Coins: _____

Cheques Received

Check No.	Contributor	Amount
_____	_____	_____
_____	_____	_____
_____	_____	_____
_____	_____	_____
_____	_____	_____
_____	_____	_____
_____	_____	_____
_____	_____	_____
_____	_____	_____
_____	_____	_____
_____	_____	_____
_____	_____	_____
_____	_____	_____
_____	_____	_____
_____	_____	_____

Total Checks: _____

TOTAL COLLECTIONS: _____

Income from other Ministries

Amount	Purpose
_____	_____
_____	_____
_____	_____

Chesked By:

1. _____

2. _____

Collection Count Sheet

Date: _____

☐ Tithes / Offerings   ☐ Ministry Event

Cash Received

	Qty	Amount
$100 x	_____	_____
$50 x	_____	_____
$20 x	_____	_____
$10 x	_____	_____
$5 x	_____	_____
$1 x	_____	_____

Total Currency: _____

Total Coins: _____

Cheques Received

Check No.	Contributor	Amount
_____	_____	_____
_____	_____	_____
_____	_____	_____
_____	_____	_____
_____	_____	_____
_____	_____	_____
_____	_____	_____
_____	_____	_____
_____	_____	_____
_____	_____	_____
_____	_____	_____
_____	_____	_____
_____	_____	_____
_____	_____	_____
_____	_____	_____
_____	_____	_____
_____	_____	_____
_____	_____	_____

Total Checks: _____

TOTAL COLLECTIONS: _____

Income from other Ministries

Amount	Purpose
_____	_____
_____	_____
_____	_____

Chesked By:

1. _____

2. _____

Collection Count Sheet

Date: _____

☐ Tithes / Offerings ☐ Ministry Event

Cash Received

	Qty	Amount
$100 x	_____	_____
$50 x	_____	_____
$20 x	_____	_____
$10 x	_____	_____
$5 x	_____	_____
$1 x	_____	_____

Total Currency: _____

Total Coins: _____

Cheques Received

Check No.	Contributor	Amount
_____	_____	_____
_____	_____	_____
_____	_____	_____
_____	_____	_____
_____	_____	_____
_____	_____	_____
_____	_____	_____
_____	_____	_____
_____	_____	_____
_____	_____	_____
_____	_____	_____
_____	_____	_____
_____	_____	_____
_____	_____	_____
_____	_____	_____

Total Checks: _____

TOTAL COLLECTIONS: _____

Income from other Ministries

Amount	Purpose
_____	_____
_____	_____
_____	_____

Chesked By:

1. _____

2. _____

Collection Count Sheet

Date: _____

☐ Tithes / Offerings   ☐ Ministry Event

Cash Received

	Qty	Amount
$100 x	_____	_____
$50 x	_____	_____
$20 x	_____	_____
$10 x	_____	_____
$5 x	_____	_____
$1 x	_____	_____

Total Currency: _____

Total Coins: _____

Cheques Received

Check No.	Contributor	Amount
_____	_____	_____
_____	_____	_____
_____	_____	_____
_____	_____	_____
_____	_____	_____
_____	_____	_____
_____	_____	_____
_____	_____	_____
_____	_____	_____
_____	_____	_____
_____	_____	_____
_____	_____	_____
_____	_____	_____
_____	_____	_____
_____	_____	_____
_____	_____	_____
_____	_____	_____

Total Checks: _____

TOTAL COLLECTIONS: _____

Income from other Ministries

Amount	Purpose
_____	_____
_____	_____
_____	_____

Chesked By:

1. _____

2. _____

Collection Count Sheet

Date: _____

☐ Tithes / Offerings   ☐ Ministry Event

Cash Received

	Qty	Amount
$100 x	_____	_____
$50 x	_____	_____
$20 x	_____	_____
$10 x	_____	_____
$5 x	_____	_____
$1 x	_____	_____

Total Currency: _____

Total Coins: _____

Cheques Received

Check No.	Contributor	Amount
_____	_____	_____
_____	_____	_____
_____	_____	_____
_____	_____	_____
_____	_____	_____
_____	_____	_____
_____	_____	_____
_____	_____	_____
_____	_____	_____
_____	_____	_____
_____	_____	_____
_____	_____	_____
_____	_____	_____
_____	_____	_____
_____	_____	_____
_____	_____	_____

Total Checks: _____

TOTAL COLLECTIONS: _____

Income from other Ministries

Amount	Purpose
_____	_____
_____	_____
_____	_____

Chesked By:

1. _____

2. _____

Collection Count Sheet

Date: _____

☐ Tithes / Offerings   ☐ Ministry Event

Cash Received

	Qty	Amount
$100 x	_____	_____
$50 x	_____	_____
$20 x	_____	_____
$10 x	_____	_____
$5 x	_____	_____
$1 x	_____	_____

Total Currency: _____

Total Coins: _____

Cheques Received

Check No.	Contributor	Amount
_____	_____	_____
_____	_____	_____
_____	_____	_____
_____	_____	_____
_____	_____	_____
_____	_____	_____
_____	_____	_____
_____	_____	_____
_____	_____	_____
_____	_____	_____
_____	_____	_____
_____	_____	_____
_____	_____	_____
_____	_____	_____
_____	_____	_____
_____	_____	_____

Total Checks: _____

TOTAL COLLECTIONS: _____

Income from other Ministries

Amount	Purpose
_____	_____
_____	_____

Chesked By:

1. _____

2. _____

Collection Count Sheet

Date: _____

☐ Tithes / Offerings   ☐ Ministry Event

Cash Received

	Qty	Amount
$100 x	_____	_____
$50 x	_____	_____
$20 x	_____	_____
$10 x	_____	_____
$5 x	_____	_____
$1 x	_____	_____

Total Currency: _____

Total Coins: _____

Cheques Received

Check No.	Contributor	Amount
_____	_____	_____
_____	_____	_____
_____	_____	_____
_____	_____	_____
_____	_____	_____
_____	_____	_____
_____	_____	_____
_____	_____	_____
_____	_____	_____
_____	_____	_____
_____	_____	_____
_____	_____	_____
_____	_____	_____
_____	_____	_____
_____	_____	_____
_____	_____	_____

Total Checks: _____

TOTAL COLLECTIONS: _____

Income from other Ministries

Amount	Purpose
_____	_____
_____	_____
_____	_____

Chesked By:

1. _____

2. _____

Collection Count Sheet

Date: _____

☐ Tithes / Offerings   ☐ Ministry Event

Cash Received

	Qty	Amount
$100 x	_____	_____
$50 x	_____	_____
$20 x	_____	_____
$10 x	_____	_____
$5 x	_____	_____
$1 x	_____	_____

Total Currency: _____

Total Coins: _____

Cheques Received

Check No.	Contributor	Amount
_____	_____	_____
_____	_____	_____
_____	_____	_____
_____	_____	_____
_____	_____	_____
_____	_____	_____
_____	_____	_____
_____	_____	_____
_____	_____	_____
_____	_____	_____
_____	_____	_____
_____	_____	_____
_____	_____	_____
_____	_____	_____
_____	_____	_____
_____	_____	_____

Total Checks: _____

TOTAL COLLECTIONS: _____

Income from other Ministries

Amount	Purpose
_____	_____
_____	_____
_____	_____

Chesked By:

1. _____

2. _____

Collection Count Sheet

Date: _____

☐ Tithes / Offerings   ☐ Ministry Event

Cash Received

	Qty	Amount
$100 x	_____	_____
$50 x	_____	_____
$20 x	_____	_____
$10 x	_____	_____
$5 x	_____	_____
$1 x	_____	_____

Total Currency: _____

Total Coins: _____

Cheques Received

Check No.	Contributor	Amount
_____	_____	_____
_____	_____	_____
_____	_____	_____
_____	_____	_____
_____	_____	_____
_____	_____	_____
_____	_____	_____
_____	_____	_____
_____	_____	_____
_____	_____	_____
_____	_____	_____
_____	_____	_____
_____	_____	_____
_____	_____	_____
_____	_____	_____
_____	_____	_____

Total Checks: _____

TOTAL COLLECTIONS: _____

Income from other Ministries

Amount	Purpose
_____	_____
_____	_____
_____	_____

Chesked By:

1. _____

2. _____

Collection Count Sheet

Date: _____

☐ Tithes / Offerings   ☐ Ministry Event

Cash Received

	Qty	Amount
$100 x	_____	_____
$50 x	_____	_____
$20 x	_____	_____
$10 x	_____	_____
$5 x	_____	_____
$1 x	_____	_____

Total Currency: _____

Total Coins: _____

Cheques Received

Check No.	Contributor	Amount
_____	_____	_____
_____	_____	_____
_____	_____	_____
_____	_____	_____
_____	_____	_____
_____	_____	_____
_____	_____	_____
_____	_____	_____
_____	_____	_____
_____	_____	_____
_____	_____	_____
_____	_____	_____
_____	_____	_____
_____	_____	_____
_____	_____	_____
_____	_____	_____
_____	_____	_____
_____	_____	_____

Total Checks: _____

TOTAL COLLECTIONS: _____

Income from other Ministries

Amount	Purpose
_____	_____
_____	_____
_____	_____

Chesked By:

1. _____

2. _____

Collection Count Sheet

Date: _____

☐ Tithes / Offerings ☐ Ministry Event

Cash Received

	Qty	Amount
$100 x	_____	_____
$50 x	_____	_____
$20 x	_____	_____
$10 x	_____	_____
$5 x	_____	_____
$1 x	_____	_____

Total Currency: _____

Total Coins: _____

Cheques Received

Check No.	Contributor	Amount
_____	_____	_____
_____	_____	_____
_____	_____	_____
_____	_____	_____
_____	_____	_____
_____	_____	_____
_____	_____	_____
_____	_____	_____
_____	_____	_____
_____	_____	_____
_____	_____	_____
_____	_____	_____
_____	_____	_____
_____	_____	_____
_____	_____	_____
_____	_____	_____

Total Checks: _____

TOTAL COLLECTIONS: _____

Income from other Ministries

Amount	Purpose
_____	_____
_____	_____

Chesked By:

1. _____

2. _____

Collection Count Sheet

Date: _____

☐ Tithes / Offerings   ☐ Ministry Event

Cash Received

	Qty	Amount
$100 x	_____	_____
$50 x	_____	_____
$20 x	_____	_____
$10 x	_____	_____
$5 x	_____	_____
$1 x	_____	_____

Total Currency: _____

Total Coins: _____

Cheques Received

Check No.	Contributor	Amount
_____	_____	_____
_____	_____	_____
_____	_____	_____
_____	_____	_____
_____	_____	_____
_____	_____	_____
_____	_____	_____
_____	_____	_____
_____	_____	_____
_____	_____	_____
_____	_____	_____
_____	_____	_____
_____	_____	_____
_____	_____	_____
_____	_____	_____
_____	_____	_____
_____	_____	_____
_____	_____	_____

Total Checks: _____

TOTAL COLLECTIONS: _____

Income from other Ministries

Amount	Purpose
_____	_____
_____	_____
_____	_____

Chesked By:

1. _____

2. _____

Collection Count Sheet

Date: _____

☐ Tithes / Offerings   ☐ Ministry Event

Cash Received

	Qty		Amount
$100	x	_____	_____
$50	x	_____	_____
$20	x	_____	_____
$10	x	_____	_____
$5	x	_____	_____
$1	x	_____	_____

Total Currency: _____

Total Coins: _____

Cheques Received

Check No.	Contributor	Amount
_____	_____	_____
_____	_____	_____
_____	_____	_____
_____	_____	_____
_____	_____	_____
_____	_____	_____
_____	_____	_____
_____	_____	_____
_____	_____	_____
_____	_____	_____
_____	_____	_____
_____	_____	_____
_____	_____	_____
_____	_____	_____
_____	_____	_____
_____	_____	_____

Total Checks: _____

TOTAL COLLECTIONS: _____

Income from other Ministries

Amount	Purpose
_____	_____
_____	_____
_____	_____

Chesked By:

1. _____

2. _____

Collection Count Sheet

Date: _____

☐ Tithes / Offerings   ☐ Ministry Event

Cash Received

	Qty	Amount
$100 x	_____	_____
$50 x	_____	_____
$20 x	_____	_____
$10 x	_____	_____
$5 x	_____	_____
$1 x	_____	_____

Total Currency: _____

Total Coins: _____

Cheques Received

Check No.	Contributor	Amount
_____	_____	_____
_____	_____	_____
_____	_____	_____
_____	_____	_____
_____	_____	_____
_____	_____	_____
_____	_____	_____
_____	_____	_____
_____	_____	_____
_____	_____	_____
_____	_____	_____
_____	_____	_____
_____	_____	_____
_____	_____	_____
_____	_____	_____
_____	_____	_____
_____	_____	_____

Total Checks: _____

TOTAL COLLECTIONS: _____

Income from other Ministries

Amount	Purpose
_____	_____
_____	_____
_____	_____

Chesked By:

1. _____

2. _____

Collection Count Sheet

Date: _____

☐ Tithes / Offerings   ☐ Ministry Event

Cash Received

	Qty	Amount
$100 x	_____	_____
$50 x	_____	_____
$20 x	_____	_____
$10 x	_____	_____
$5 x	_____	_____
$1 x	_____	_____

Total Currency: _____

Total Coins: _____

Cheques Received

Check No.	Contributor	Amount
_____	_____	_____
_____	_____	_____
_____	_____	_____
_____	_____	_____
_____	_____	_____
_____	_____	_____
_____	_____	_____
_____	_____	_____
_____	_____	_____
_____	_____	_____
_____	_____	_____
_____	_____	_____
_____	_____	_____
_____	_____	_____
_____	_____	_____
_____	_____	_____
_____	_____	_____

Total Checks: _____

TOTAL COLLECTIONS: _____

Income from other Ministries

Amount	Purpose
_____	_____
_____	_____
_____	_____

Chesked By:

1. _____

2. _____

Collection Count Sheet

Date: _____

☐ Tithes / Offerings   ☐ Ministry Event

Cash Received

	Qty	Amount
$100 x	_____	_____
$50 x	_____	_____
$20 x	_____	_____
$10 x	_____	_____
$5 x	_____	_____
$1 x	_____	_____

Total Currency: _____

Total Coins: _____

Cheques Received

Check No.	Contributor	Amount
_____	_____	_____
_____	_____	_____
_____	_____	_____
_____	_____	_____
_____	_____	_____
_____	_____	_____
_____	_____	_____
_____	_____	_____
_____	_____	_____
_____	_____	_____
_____	_____	_____
_____	_____	_____
_____	_____	_____
_____	_____	_____
_____	_____	_____

Total Checks: _____

TOTAL COLLECTIONS: _____

Income from other Ministries

Amount	Purpose
_____	_____
_____	_____
_____	_____

Chesked By:

1. _____

2. _____

Collection Count Sheet

Date: _____

☐ Tithes / Offerings   ☐ Ministry Event

Cash Received

	Qty	Amount
$100 x	_____	_____
$50 x	_____	_____
$20 x	_____	_____
$10 x	_____	_____
$5 x	_____	_____
$1 x	_____	_____

Total Currency: _____

Total Coins: _____

Cheques Received

Check No.	Contributor	Amount
_____	_____	_____
_____	_____	_____
_____	_____	_____
_____	_____	_____
_____	_____	_____
_____	_____	_____
_____	_____	_____
_____	_____	_____
_____	_____	_____
_____	_____	_____
_____	_____	_____
_____	_____	_____
_____	_____	_____
_____	_____	_____
_____	_____	_____
_____	_____	_____
_____	_____	_____

Total Checks: _____

TOTAL COLLECTIONS: _____

Income from other Ministries

Amount	Purpose
_____	_____
_____	_____
_____	_____

Chesked By:

1. _____

2. _____

Collection Count Sheet

Date: _____

☐ Tithes / Offerings ☐ Ministry Event

Cash Received

	Qty	Amount
$100 x	_____	_____
$50 x	_____	_____
$20 x	_____	_____
$10 x	_____	_____
$5 x	_____	_____
$1 x	_____	_____

Total Currency: _____

Total Coins: _____

Cheques Received

Check No.	Contributor	Amount
_____	_____	_____
_____	_____	_____
_____	_____	_____
_____	_____	_____
_____	_____	_____
_____	_____	_____
_____	_____	_____
_____	_____	_____
_____	_____	_____
_____	_____	_____
_____	_____	_____
_____	_____	_____
_____	_____	_____
_____	_____	_____
_____	_____	_____
_____	_____	_____
_____	_____	_____

Total Checks: _____

TOTAL COLLECTIONS: _____

Income from other Ministries

Amount	Purpose
_____	_____
_____	_____
_____	_____

Chesked By:

1. _____

2. _____

Collection Count Sheet

Date: _____

☐ Tithes / Offerings   ☐ Ministry Event

Cash Received

	Qty	Amount
$100 x	_____	_____
$50 x	_____	_____
$20 x	_____	_____
$10 x	_____	_____
$5 x	_____	_____
$1 x	_____	_____

Total Currency: _____

Total Coins: _____

Cheques Received

Check No.	Contributor	Amount
_____	_____	_____
_____	_____	_____
_____	_____	_____
_____	_____	_____
_____	_____	_____
_____	_____	_____
_____	_____	_____
_____	_____	_____
_____	_____	_____
_____	_____	_____
_____	_____	_____
_____	_____	_____
_____	_____	_____
_____	_____	_____
_____	_____	_____
_____	_____	_____

Total Checks: _____

TOTAL COLLECTIONS: _____

Income from other Ministries

Amount	Purpose
_____	_____
_____	_____
_____	_____

Chesked By:

1. _____

2. _____

Collection Count Sheet

Date: _____

☐ Tithes / Offerings   ☐ Ministry Event

Cash Received

	Qty	Amount
$100 x	_____	_____
$50 x	_____	_____
$20 x	_____	_____
$10 x	_____	_____
$5 x	_____	_____
$1 x	_____	_____

Total Currency: _____

Total Coins: _____

Cheques Received

Check No.	Contributor	Amount
_____	_____	_____
_____	_____	_____
_____	_____	_____
_____	_____	_____
_____	_____	_____
_____	_____	_____
_____	_____	_____
_____	_____	_____
_____	_____	_____
_____	_____	_____
_____	_____	_____
_____	_____	_____
_____	_____	_____
_____	_____	_____
_____	_____	_____
_____	_____	_____
_____	_____	_____

Total Checks: _____

TOTAL COLLECTIONS: _____

Income from other Ministries

Amount	Purpose
_____	_____
_____	_____
_____	_____

Chesked By:

1. _____

2. _____

Collection Count Sheet

Date: _____

☐ Tithes / Offerings ☐ Ministry Event

Cash Received

	Qty	Amount
$100 x	_____	_____
$50 x	_____	_____
$20 x	_____	_____
$10 x	_____	_____
$5 x	_____	_____
$1 x	_____	_____

Total Currency: _____

Total Coins: _____

Cheques Received

Check No.	Contributor	Amount
_____	_____	_____
_____	_____	_____
_____	_____	_____
_____	_____	_____
_____	_____	_____
_____	_____	_____
_____	_____	_____
_____	_____	_____
_____	_____	_____
_____	_____	_____
_____	_____	_____
_____	_____	_____
_____	_____	_____
_____	_____	_____
_____	_____	_____
_____	_____	_____
_____	_____	_____

Total Checks: _____

TOTAL COLLECTIONS: _____

Income from other Ministries

Amount	Purpose
_____	_____
_____	_____
_____	_____

Chesked By:

1. _____

2. _____

Collection Count Sheet

Date: _____

☐ Tithes / Offerings   ☐ Ministry Event

Cash Received

	Qty	Amount
$100 x	_____	_____
$50 x	_____	_____
$20 x	_____	_____
$10 x	_____	_____
$5 x	_____	_____
$1 x	_____	_____

Total Currency: _____

Total Coins: _____

Cheques Received

Check No.	Contributor	Amount
_____	_____	_____
_____	_____	_____
_____	_____	_____
_____	_____	_____
_____	_____	_____
_____	_____	_____
_____	_____	_____
_____	_____	_____
_____	_____	_____
_____	_____	_____
_____	_____	_____
_____	_____	_____
_____	_____	_____
_____	_____	_____
_____	_____	_____
_____	_____	_____
_____	_____	_____

Total Checks: _____

TOTAL COLLECTIONS: _____

Income from other Ministries

Amount	Purpose
_____	_____
_____	_____
_____	_____

Chesked By:

1. _____

2. _____

Collection Count Sheet

Date: _____

☐ Tithes / Offerings   ☐ Ministry Event

Cash Received

	Qty	Amount
$100 x	_____	_____
$50 x	_____	_____
$20 x	_____	_____
$10 x	_____	_____
$5 x	_____	_____
$1 x	_____	_____

Total Currency: _____

Total Coins: _____

Cheques Received

Check No.	Contributor	Amount
_____	_____	_____
_____	_____	_____
_____	_____	_____
_____	_____	_____
_____	_____	_____
_____	_____	_____
_____	_____	_____
_____	_____	_____
_____	_____	_____
_____	_____	_____
_____	_____	_____
_____	_____	_____
_____	_____	_____
_____	_____	_____
_____	_____	_____
_____	_____	_____

Total Checks: _____

TOTAL COLLECTIONS: _____

Income from other Ministries

Amount	Purpose
_____	_____
_____	_____
_____	_____

Chesked By:

1. _____

2. _____

Collection Count Sheet

Date: _____

☐ Tithes / Offerings   ☐ Ministry Event

Cash Received

	Qty		Amount
$100 x	_____		_____
$50 x	_____		_____
$20 x	_____		_____
$10 x	_____		_____
$5 x	_____		_____
$1 x	_____		_____

Total Currency: _____

Total Coins: _____

Cheques Received

Check No.	Contributor	Amount
_____	_____	_____
_____	_____	_____
_____	_____	_____
_____	_____	_____
_____	_____	_____
_____	_____	_____
_____	_____	_____
_____	_____	_____
_____	_____	_____
_____	_____	_____
_____	_____	_____
_____	_____	_____
_____	_____	_____
_____	_____	_____
_____	_____	_____
_____	_____	_____
_____	_____	_____

Total Checks: _____

TOTAL COLLECTIONS: _____

Income from other Ministries

Amount	Purpose
_____	_____
_____	_____
_____	_____

Chesked By:

1. _____

2. _____

Collection Count Sheet

Date: _____

☐ Tithes / Offerings   ☐ Ministry Event

Cash Received

	Qty		Amount
$100 x	_____		_____
$50 x	_____		_____
$20 x	_____		_____
$10 x	_____		_____
$5 x	_____		_____
$1 x	_____		_____

Total Currency: _____

Total Coins: _____

Cheques Received

Check No.	Contributor	Amount
_____	_____	_____
_____	_____	_____
_____	_____	_____
_____	_____	_____
_____	_____	_____
_____	_____	_____
_____	_____	_____
_____	_____	_____
_____	_____	_____
_____	_____	_____
_____	_____	_____
_____	_____	_____
_____	_____	_____
_____	_____	_____
_____	_____	_____
_____	_____	_____
_____	_____	_____

Total Checks: _____

TOTAL COLLECTIONS: _____

Income from other Ministries

Amount	Purpose
_____	_____
_____	_____
_____	_____

Chesked By:

1. _____

2. _____

Collection Count Sheet

Date: _____

☐ Tithes / Offerings ☐ Ministry Event

Cash Received

	Qty	Amount
$100 x	_____	_____
$50 x	_____	_____
$20 x	_____	_____
$10 x	_____	_____
$5 x	_____	_____
$1 x	_____	_____

Total Currency: _____

Total Coins: _____

Cheques Received

Check No.	Contributor	Amount
_____	_____	_____
_____	_____	_____
_____	_____	_____
_____	_____	_____
_____	_____	_____
_____	_____	_____
_____	_____	_____
_____	_____	_____
_____	_____	_____
_____	_____	_____
_____	_____	_____
_____	_____	_____
_____	_____	_____
_____	_____	_____
_____	_____	_____
_____	_____	_____
_____	_____	_____

Total Checks: _____

TOTAL COLLECTIONS: _____

Income from other Ministries

Amount	Purpose
_____	_____
_____	_____
_____	_____

Chesked By:

1. _____

2. _____

Collection Count Sheet

Date: _____

☐ Tithes / Offerings   ☐ Ministry Event

Cash Received

	Qty	Amount
$100 x	_____	_____
$50 x	_____	_____
$20 x	_____	_____
$10 x	_____	_____
$5 x	_____	_____
$1 x	_____	_____

Total Currency: _____

Total Coins: _____

Cheques Received

Check No.	Contributor	Amount
_____	_____	_____
_____	_____	_____
_____	_____	_____
_____	_____	_____
_____	_____	_____
_____	_____	_____
_____	_____	_____
_____	_____	_____
_____	_____	_____
_____	_____	_____
_____	_____	_____
_____	_____	_____
_____	_____	_____
_____	_____	_____
_____	_____	_____
_____	_____	_____
_____	_____	_____

Total Checks: _____

TOTAL COLLECTIONS: _____

Income from other Ministries

Amount	Purpose
_____	_____
_____	_____
_____	_____

Chesked By:

1. _____

2. _____

Collection Count Sheet

Date: _____

☐ Tithes / Offerings   ☐ Ministry Event

Cash Received

	Qty	Amount
$100 x	_____	_____
$50 x	_____	_____
$20 x	_____	_____
$10 x	_____	_____
$5 x	_____	_____
$1 x	_____	_____

Total Currency: _____

Total Coins: _____

Cheques Received

Check No.	Contributor	Amount
_____	_____	_____
_____	_____	_____
_____	_____	_____
_____	_____	_____
_____	_____	_____
_____	_____	_____
_____	_____	_____
_____	_____	_____
_____	_____	_____
_____	_____	_____
_____	_____	_____
_____	_____	_____
_____	_____	_____
_____	_____	_____
_____	_____	_____
_____	_____	_____
_____	_____	_____
_____	_____	_____

Total Checks: _____

TOTAL COLLECTIONS: _____

Income from other Ministries

Amount	Purpose
_____	_____
_____	_____
_____	_____

Chesked By:

1. _____

2. _____

Collection Count Sheet

Date: _____

☐ Tithes / Offerings   ☐ Ministry Event

Cash Received

	Qty	Amount
$100 x	_____	_____
$50 x	_____	_____
$20 x	_____	_____
$10 x	_____	_____
$5 x	_____	_____
$1 x	_____	_____

Total Currency: _____

Total Coins: _____

Cheques Received

Check No.	Contributor	Amount
_____	_____	_____
_____	_____	_____
_____	_____	_____
_____	_____	_____
_____	_____	_____
_____	_____	_____
_____	_____	_____
_____	_____	_____
_____	_____	_____
_____	_____	_____
_____	_____	_____
_____	_____	_____
_____	_____	_____
_____	_____	_____
_____	_____	_____
_____	_____	_____
_____	_____	_____

Total Checks: _____

TOTAL COLLECTIONS: _____

Income from other Ministries

Amount	Purpose
_____	_____
_____	_____
_____	_____

Chesked By:

1. _____

2. _____

Collection Count Sheet

Date: _____

☐ Tithes / Offerings   ☐ Ministry Event

Cash Received

	Qty	Amount
$100 x	_____	_____
$50 x	_____	_____
$20 x	_____	_____
$10 x	_____	_____
$5 x	_____	_____
$1 x	_____	_____

Total Currency: _____

Total Coins: _____

Cheques Received

Check No.	Contributor	Amount
_____	_____	_____
_____	_____	_____
_____	_____	_____
_____	_____	_____
_____	_____	_____
_____	_____	_____
_____	_____	_____
_____	_____	_____
_____	_____	_____
_____	_____	_____
_____	_____	_____
_____	_____	_____
_____	_____	_____
_____	_____	_____
_____	_____	_____
_____	_____	_____
_____	_____	_____
_____	_____	_____
_____	_____	_____

Total Checks: _____

TOTAL COLLECTIONS: _____

Income from other Ministries

Amount	Purpose
_____	_____
_____	_____
_____	_____

Chesked By:

1. _____

2. _____

Collection Count Sheet

Date: _____

☐ Tithes / Offerings   ☐ Ministry Event

Cash Received

	Qty		Amount
$100	x	_____	_____
$50	x	_____	_____
$20	x	_____	_____
$10	x	_____	_____
$5	x	_____	_____
$1	x	_____	_____

Total Currency: _____

Total Coins: _____

Cheques Received

Check No.	Contributor	Amount
_____	_____	_____
_____	_____	_____
_____	_____	_____
_____	_____	_____
_____	_____	_____
_____	_____	_____
_____	_____	_____
_____	_____	_____
_____	_____	_____
_____	_____	_____
_____	_____	_____
_____	_____	_____
_____	_____	_____
_____	_____	_____
_____	_____	_____
_____	_____	_____
_____	_____	_____

Total Checks: _____

TOTAL COLLECTIONS: _____

Income from other Ministries

Amount	Purpose
_____	_____
_____	_____
_____	_____

Chesked By:

1. _____

2. _____

Collection Count Sheet

Date: _____

☐ Tithes / Offerings   ☐ Ministry Event

Cash Received

	Qty	Amount
$100 x	_____	_____
$50 x	_____	_____
$20 x	_____	_____
$10 x	_____	_____
$5 x	_____	_____
$1 x	_____	_____

Total Currency: _____

Total Coins: _____

Cheques Received

Check No.	Contributor	Amount
_____	_____	_____
_____	_____	_____
_____	_____	_____
_____	_____	_____
_____	_____	_____
_____	_____	_____
_____	_____	_____
_____	_____	_____
_____	_____	_____
_____	_____	_____
_____	_____	_____
_____	_____	_____
_____	_____	_____
_____	_____	_____
_____	_____	_____
_____	_____	_____
_____	_____	_____

Total Checks: _____

TOTAL COLLECTIONS: _____

Income from other Ministries

Amount	Purpose
_____	_____
_____	_____
_____	_____

Chesked By:

1. _____

2. _____

Collection Count Sheet

Date: _____

☐ Tithes / Offerings ☐ Ministry Event

Cash Received

	Qty	Amount
$100 x	_____	_____
$50 x	_____	_____
$20 x	_____	_____
$10 x	_____	_____
$5 x	_____	_____
$1 x	_____	_____

Total Currency: _____

Total Coins: _____

Cheques Received

Check No.	Contributor	Amount
_____	_____	_____
_____	_____	_____
_____	_____	_____
_____	_____	_____
_____	_____	_____
_____	_____	_____
_____	_____	_____
_____	_____	_____
_____	_____	_____
_____	_____	_____
_____	_____	_____
_____	_____	_____
_____	_____	_____
_____	_____	_____
_____	_____	_____

Total Checks: _____

TOTAL COLLECTIONS: _____

Income from other Ministries

Amount	Purpose
_____	_____
_____	_____
_____	_____

Chesked By:

1. _____

2. _____

Collection Count Sheet

Date: _____

☐ Tithes / Offerings   ☐ Ministry Event

Cash Received

	Qty	Amount
$100 x	_____	_____
$50 x	_____	_____
$20 x	_____	_____
$10 x	_____	_____
$5 x	_____	_____
$1 x	_____	_____

Total Currency: _____

Total Coins: _____

Cheques Received

Check No.	Contributor	Amount
_____	_____	_____
_____	_____	_____
_____	_____	_____
_____	_____	_____
_____	_____	_____
_____	_____	_____
_____	_____	_____
_____	_____	_____
_____	_____	_____
_____	_____	_____
_____	_____	_____
_____	_____	_____
_____	_____	_____
_____	_____	_____
_____	_____	_____
_____	_____	_____
_____	_____	_____
_____	_____	_____

Total Checks: _____

TOTAL COLLECTIONS: _____

Income from other Ministries

Amount	Purpose
_____	_____
_____	_____
_____	_____

Chesked By:

1. _____

2. _____

Collection Count Sheet

Date: _____

☐ Tithes / Offerings   ☐ Ministry Event

Cash Received

	Qty	Amount
$100 x	_____	_____
$50 x	_____	_____
$20 x	_____	_____
$10 x	_____	_____
$5 x	_____	_____
$1 x	_____	_____

Total Currency: _____

Total Coins: _____

Cheques Received

Check No.	Contributor	Amount
_____	_____	_____
_____	_____	_____
_____	_____	_____
_____	_____	_____
_____	_____	_____
_____	_____	_____
_____	_____	_____
_____	_____	_____
_____	_____	_____
_____	_____	_____
_____	_____	_____
_____	_____	_____
_____	_____	_____
_____	_____	_____
_____	_____	_____
_____	_____	_____

Total Checks: _____

TOTAL COLLECTIONS: _____

Income from other Ministries

Amount	Purpose
_____	_____
_____	_____
_____	_____

Chesked By:

1. _____

2. _____

Collection Count Sheet

Date: _____

☐ Tithes / Offerings   ☐ Ministry Event

Cash Received

	Qty	Amount
$100 x	_____	_____
$50 x	_____	_____
$20 x	_____	_____
$10 x	_____	_____
$5 x	_____	_____
$1 x	_____	_____

Total Currency: _____

Total Coins: _____

Cheques Received

Check No.	Contributor	Amount
_____	_____	_____
_____	_____	_____
_____	_____	_____
_____	_____	_____
_____	_____	_____
_____	_____	_____
_____	_____	_____
_____	_____	_____
_____	_____	_____
_____	_____	_____
_____	_____	_____
_____	_____	_____
_____	_____	_____
_____	_____	_____
_____	_____	_____
_____	_____	_____
_____	_____	_____
_____	_____	_____
_____	_____	_____
_____	_____	_____

Total Checks: _____

TOTAL COLLECTIONS: _____

Income from other Ministries

Amount	Purpose
_____	_____
_____	_____
_____	_____

Chesked By:

1. _____

2. _____

Collection Count Sheet

Date: _____

☐ Tithes / Offerings ☐ Ministry Event

Cash Received

	Qty	Amount
$100 x	_____	_____
$50 x	_____	_____
$20 x	_____	_____
$10 x	_____	_____
$5 x	_____	_____
$1 x	_____	_____

Total Currency: _____

Total Coins: _____

Cheques Received

Check No.	Contributor	Amount
_____	_____	_____
_____	_____	_____
_____	_____	_____
_____	_____	_____
_____	_____	_____
_____	_____	_____
_____	_____	_____
_____	_____	_____
_____	_____	_____
_____	_____	_____
_____	_____	_____
_____	_____	_____
_____	_____	_____
_____	_____	_____
_____	_____	_____
_____	_____	_____

Total Checks: _____

TOTAL COLLECTIONS: _____

Income from other Ministries

Amount	Purpose
_____	_____
_____	_____
_____	_____

Chesked By:

1. _____

2. _____

Collection Count Sheet

Date: _____

☐ Tithes / Offerings   ☐ Ministry Event

Cash Received

	Qty	Amount
$100 x	_____	_____
$50 x	_____	_____
$20 x	_____	_____
$10 x	_____	_____
$5 x	_____	_____
$1 x	_____	_____

Total Currency: _____

Total Coins: _____

Cheques Received

Check No.	Contributor	Amount
_____	_____	_____
_____	_____	_____
_____	_____	_____
_____	_____	_____
_____	_____	_____
_____	_____	_____
_____	_____	_____
_____	_____	_____
_____	_____	_____
_____	_____	_____
_____	_____	_____
_____	_____	_____
_____	_____	_____
_____	_____	_____
_____	_____	_____
_____	_____	_____
_____	_____	_____

Total Checks: _____

TOTAL COLLECTIONS: _____

Income from other Ministries

Amount	Purpose
_____	_____
_____	_____
_____	_____

Chesked By:

1. _____

2. _____

Collection Count Sheet

Date: _____

☐ Tithes / Offerings   ☐ Ministry Event   _____

Cash Received

	Qty	Amount
$100 x	_____	_____
$50 x	_____	_____
$20 x	_____	_____
$10 x	_____	_____
$5 x	_____	_____
$1 x	_____	_____

Total Currency: _____

Total Coins: _____

Cheques Received

Check No.	Contributor	Amount
_____	_____	_____
_____	_____	_____
_____	_____	_____
_____	_____	_____
_____	_____	_____
_____	_____	_____
_____	_____	_____
_____	_____	_____
_____	_____	_____
_____	_____	_____
_____	_____	_____
_____	_____	_____
_____	_____	_____
_____	_____	_____
_____	_____	_____
_____	_____	_____

Total Checks: _____

TOTAL COLLECTIONS: _____

Income from other Ministries

Amount	Purpose
_____	_____
_____	_____
_____	_____

Chesked By:

1. _____

2. _____

Collection Count Sheet

Date: _____

☐ Tithes / Offerings　　　　☐ Ministry Event

Cash Received

	Qty	Amount
$100 x	_____	_____
$50 x	_____	_____
$20 x	_____	_____
$10 x	_____	_____
$5 x	_____	_____
$1 x	_____	_____

Total Currency: _____

Total Coins: _____

Cheques Received

Check No.	Contributor	Amount
_____	_____	_____
_____	_____	_____
_____	_____	_____
_____	_____	_____
_____	_____	_____
_____	_____	_____
_____	_____	_____
_____	_____	_____
_____	_____	_____
_____	_____	_____
_____	_____	_____
_____	_____	_____
_____	_____	_____
_____	_____	_____
_____	_____	_____
_____	_____	_____
_____	_____	_____

Total Checks: _____

TOTAL COLLECTIONS: _____

Income from other Ministries

Amount	Purpose
_____	_____
_____	_____
_____	_____

Chesked By:

1. _____

2. _____

Collection Count Sheet

Date: _____

☐ Tithes / Offerings   ☐ Ministry Event

Cash Received

	Qty	Amount
$100 x	_____	_____
$50 x	_____	_____
$20 x	_____	_____
$10 x	_____	_____
$5 x	_____	_____
$1 x	_____	_____

Total Currency: _____

Total Coins: _____

Cheques Received

Check No.	Contributor	Amount
_____	_____	_____
_____	_____	_____
_____	_____	_____
_____	_____	_____
_____	_____	_____
_____	_____	_____
_____	_____	_____
_____	_____	_____
_____	_____	_____
_____	_____	_____
_____	_____	_____
_____	_____	_____
_____	_____	_____
_____	_____	_____
_____	_____	_____
_____	_____	_____

Total Checks: _____

TOTAL COLLECTIONS: _____

Income from other Ministries

Amount	Purpose
_____	_____
_____	_____
_____	_____

Chesked By:

1. _____

2. _____

Collection Count Sheet

Date: _____

☐ Tithes / Offerings ☐ Ministry Event

Cash Received

	Qty	Amount
$100 x	_____	_____
$50 x	_____	_____
$20 x	_____	_____
$10 x	_____	_____
$5 x	_____	_____
$1 x	_____	_____

Total Currency: _____

Total Coins: _____

Cheques Received

Check No.	Contributor	Amount
_____	_____	_____
_____	_____	_____
_____	_____	_____
_____	_____	_____
_____	_____	_____
_____	_____	_____
_____	_____	_____
_____	_____	_____
_____	_____	_____
_____	_____	_____
_____	_____	_____
_____	_____	_____
_____	_____	_____
_____	_____	_____
_____	_____	_____
_____	_____	_____
_____	_____	_____

Total Checks: _____

TOTAL COLLECTIONS: _____

Income from other Ministries

Amount	Purpose
_____	_____
_____	_____
_____	_____

Chesked By:

1. _____

2. _____

Collection Count Sheet

Date: _____

☐ Tithes / Offerings   ☐ Ministry Event

Cash Received

	Qty	Amount
$100 x	_____	_____
$50 x	_____	_____
$20 x	_____	_____
$10 x	_____	_____
$5 x	_____	_____
$1 x	_____	_____

Total Currency: _____

Total Coins: _____

Cheques Received

Check No.	Contributor	Amount
_____	_____	_____
_____	_____	_____
_____	_____	_____
_____	_____	_____
_____	_____	_____
_____	_____	_____
_____	_____	_____
_____	_____	_____
_____	_____	_____
_____	_____	_____
_____	_____	_____
_____	_____	_____
_____	_____	_____
_____	_____	_____
_____	_____	_____
_____	_____	_____
_____	_____	_____

Total Checks: _____

TOTAL COLLECTIONS: _____

Income from other Ministries

Amount	Purpose
_____	_____
_____	_____
_____	_____

Chesked By:

1. _____

2. _____

Collection Count Sheet

Date: _____

☐ Tithes / Offerings   ☐ Ministry Event

Cash Received

	Qty	Amount
$100 x	_____	_____
$50 x	_____	_____
$20 x	_____	_____
$10 x	_____	_____
$5 x	_____	_____
$1 x	_____	_____

Total Currency: _____

Total Coins: _____

Cheques Received

Check No.	Contributor	Amount
_____	_____	_____
_____	_____	_____
_____	_____	_____
_____	_____	_____
_____	_____	_____
_____	_____	_____
_____	_____	_____
_____	_____	_____
_____	_____	_____
_____	_____	_____
_____	_____	_____
_____	_____	_____
_____	_____	_____
_____	_____	_____
_____	_____	_____
_____	_____	_____

Total Checks: _____

TOTAL COLLECTIONS: _____

Income from other Ministries

Amount	Purpose
_____	_____
_____	_____
_____	_____

Chesked By:

1. _____

2. _____

Collection Count Sheet

Date: _____

☐ Tithes / Offerings   ☐ Ministry Event

Cash Received

	Qty		Amount
$100	x	_____	_____
$50	x	_____	_____
$20	x	_____	_____
$10	x	_____	_____
$5	x	_____	_____
$1	x	_____	_____

Total Currency: _____

Total Coins: _____

Cheques Received

Check No.	Contributor	Amount
_____	_____	_____
_____	_____	_____
_____	_____	_____
_____	_____	_____
_____	_____	_____
_____	_____	_____
_____	_____	_____
_____	_____	_____
_____	_____	_____
_____	_____	_____
_____	_____	_____
_____	_____	_____
_____	_____	_____
_____	_____	_____
_____	_____	_____
_____	_____	_____
_____	_____	_____
_____	_____	_____

Total Checks: _____

TOTAL COLLECTIONS: _____

Income from other Ministries

Amount	Purpose
_____	_____
_____	_____
_____	_____

Chesked By:

1. _____

2. _____

Collection Count Sheet

Date: _____

☐ Tithes / Offerings ☐ Ministry Event

Cash Received

	Qty	Amount
$100 x	_____	_____
$50 x	_____	_____
$20 x	_____	_____
$10 x	_____	_____
$5 x	_____	_____
$1 x	_____	_____

Total Currency: _____

Total Coins: _____

Cheques Received

Check No.	Contributor	Amount
_____	_____	_____
_____	_____	_____
_____	_____	_____
_____	_____	_____
_____	_____	_____
_____	_____	_____
_____	_____	_____
_____	_____	_____
_____	_____	_____
_____	_____	_____
_____	_____	_____
_____	_____	_____
_____	_____	_____
_____	_____	_____
_____	_____	_____
_____	_____	_____
_____	_____	_____

Total Checks: _____

TOTAL COLLECTIONS: _____

Income from other Ministries

Amount	Purpose
_____	_____
_____	_____
_____	_____

Chesked By:

1. _____

2. _____

Collection Count Sheet

Date: _____

☐ Tithes / Offerings   ☐ Ministry Event   _____

Cash Received

	Qty		Amount
$100	x	_____	_____
$50	x	_____	_____
$20	x	_____	_____
$10	x	_____	_____
$5	x	_____	_____
$1	x	_____	_____

Total Currency: _____

Total Coins: _____

Cheques Received

Check No.	Contributor	Amount
_____	_____	_____
_____	_____	_____
_____	_____	_____
_____	_____	_____
_____	_____	_____
_____	_____	_____
_____	_____	_____
_____	_____	_____
_____	_____	_____
_____	_____	_____
_____	_____	_____
_____	_____	_____
_____	_____	_____
_____	_____	_____
_____	_____	_____
_____	_____	_____

Total Checks: _____

TOTAL COLLECTIONS: _____

Income from other Ministries

Amount	Purpose
_____	_____
_____	_____
_____	_____

Chesked By:

1. _____

2. _____

Collection Count Sheet

Date: _____

☐ Tithes / Offerings   ☐ Ministry Event

Cash Received

	Qty	Amount
$100 x	_____	_____
$50 x	_____	_____
$20 x	_____	_____
$10 x	_____	_____
$5 x	_____	_____
$1 x	_____	_____

Total Currency: _____

Total Coins: _____

Cheques Received

Check No.	Contributor	Amount
_____	_____	_____
_____	_____	_____
_____	_____	_____
_____	_____	_____
_____	_____	_____
_____	_____	_____
_____	_____	_____
_____	_____	_____
_____	_____	_____
_____	_____	_____
_____	_____	_____
_____	_____	_____
_____	_____	_____
_____	_____	_____
_____	_____	_____
_____	_____	_____
_____	_____	_____

Total Checks: _____

TOTAL COLLECTIONS: _____

Income from other Ministries

Amount	Purpose
_____	_____
_____	_____
_____	_____

Chesked By:

1. _____

2. _____

Collection Count Sheet

Date: _____

☐ Tithes / Offerings   ☐ Ministry Event

Cash Received

	Qty	Amount
$100 x	_____	_____
$50 x	_____	_____
$20 x	_____	_____
$10 x	_____	_____
$5 x	_____	_____
$1 x	_____	_____

Total Currency: _____

Total Coins: _____

Cheques Received

Check No.	Contributor	Amount
_____	_____	_____
_____	_____	_____
_____	_____	_____
_____	_____	_____
_____	_____	_____
_____	_____	_____
_____	_____	_____
_____	_____	_____
_____	_____	_____
_____	_____	_____
_____	_____	_____
_____	_____	_____
_____	_____	_____
_____	_____	_____
_____	_____	_____
_____	_____	_____

Total Checks: _____

TOTAL COLLECTIONS: _____

Income from other Ministries

Amount	Purpose
_____	_____
_____	_____
_____	_____

Chesked By:

1. _____

2. _____

Collection Count Sheet

Date: _____

☐ Tithes / Offerings   ☐ Ministry Event

Cash Received

	Qty	Amount
$100 x	_____	_____
$50 x	_____	_____
$20 x	_____	_____
$10 x	_____	_____
$5 x	_____	_____
$1 x	_____	_____

Total Currency: _____

Total Coins: _____

Cheques Received

Check No.	Contributor	Amount
_____	_____	_____
_____	_____	_____
_____	_____	_____
_____	_____	_____
_____	_____	_____
_____	_____	_____
_____	_____	_____
_____	_____	_____
_____	_____	_____
_____	_____	_____
_____	_____	_____
_____	_____	_____
_____	_____	_____
_____	_____	_____
_____	_____	_____
_____	_____	_____
_____	_____	_____

Total Checks: _____

TOTAL COLLECTIONS: _____

Income from other Ministries

Amount	Purpose
_____	_____
_____	_____
_____	_____

Chesked By:

1. _____

2. _____

Collection Count Sheet

Date: _____

☐ Tithes / Offerings   ☐ Ministry Event

Cash Received

	Qty	Amount
$100 x	_____	_____
$50 x	_____	_____
$20 x	_____	_____
$10 x	_____	_____
$5 x	_____	_____
$1 x	_____	_____

Total Currency: _____

Total Coins: _____

Cheques Received

Check No.	Contributor	Amount
_____	_____	_____
_____	_____	_____
_____	_____	_____
_____	_____	_____
_____	_____	_____
_____	_____	_____
_____	_____	_____
_____	_____	_____
_____	_____	_____
_____	_____	_____
_____	_____	_____
_____	_____	_____
_____	_____	_____
_____	_____	_____
_____	_____	_____
_____	_____	_____
_____	_____	_____

Total Checks: _____

TOTAL COLLECTIONS: _____

Income from other Ministries

Amount	Purpose
_____	_____
_____	_____
_____	_____

Chesked By:

1. _____

2. _____

Collection Count Sheet

Date: _____

☐ Tithes / Offerings   ☐ Ministry Event

Cash Received

	Qty	Amount
$100 x	_____	_____
$50 x	_____	_____
$20 x	_____	_____
$10 x	_____	_____
$5 x	_____	_____
$1 x	_____	_____

Total Currency: _____

Total Coins: _____

Cheques Received

Check No.	Contributor	Amount
_____	_____	_____
_____	_____	_____
_____	_____	_____
_____	_____	_____
_____	_____	_____
_____	_____	_____
_____	_____	_____
_____	_____	_____
_____	_____	_____
_____	_____	_____
_____	_____	_____
_____	_____	_____
_____	_____	_____
_____	_____	_____
_____	_____	_____

Total Checks: _____

TOTAL COLLECTIONS: _____

Income from other Ministries

Amount	Purpose
_____	_____
_____	_____
_____	_____

Chesked By:

1. _____

2. _____

Collection Count Sheet

Date: _____

☐ Tithes / Offerings   ☐ Ministry Event

Cash Received

	Qty	Amount
$100 x	_____	_____
$50 x	_____	_____
$20 x	_____	_____
$10 x	_____	_____
$5 x	_____	_____
$1 x	_____	_____

Total Currency: _____

Total Coins: _____

Cheques Received

Check No.	Contributor	Amount
_____	_____	_____
_____	_____	_____
_____	_____	_____
_____	_____	_____
_____	_____	_____
_____	_____	_____
_____	_____	_____
_____	_____	_____
_____	_____	_____
_____	_____	_____
_____	_____	_____
_____	_____	_____
_____	_____	_____
_____	_____	_____
_____	_____	_____
_____	_____	_____

Total Checks: _____

TOTAL COLLECTIONS: _____

Income from other Ministries

Amount	Purpose
_____	_____
_____	_____
_____	_____

Chesked By:

1. _____

2. _____

Collection Count Sheet

Date: _____

☐ Tithes / Offerings   ☐ Ministry Event

Cash Received

	Qty		Amount
$100	x	_____	_____
$50	x	_____	_____
$20	x	_____	_____
$10	x	_____	_____
$5	x	_____	_____
$1	x	_____	_____

Total Currency: _____

Total Coins: _____

Cheques Received

Check No.	Contributor	Amount
_____	_____	_____
_____	_____	_____
_____	_____	_____
_____	_____	_____
_____	_____	_____
_____	_____	_____
_____	_____	_____
_____	_____	_____
_____	_____	_____
_____	_____	_____
_____	_____	_____
_____	_____	_____
_____	_____	_____
_____	_____	_____
_____	_____	_____
_____	_____	_____
_____	_____	_____

Total Checks: _____

TOTAL COLLECTIONS: _____

Income from other Ministries

Amount	Purpose
_____	_____
_____	_____
_____	_____

Chesked By:

1. _____

2. _____

Collection Count Sheet

Date: _____

☐ Tithes / Offerings   ☐ Ministry Event   _____

Cash Received

	Qty	Amount
$100 x	_____	_____
$50 x	_____	_____
$20 x	_____	_____
$10 x	_____	_____
$5 x	_____	_____
$1 x	_____	_____

Total Currency: _____

Total Coins: _____

Cheques Received

Check No.	Contributor	Amount
_____	_____	_____
_____	_____	_____
_____	_____	_____
_____	_____	_____
_____	_____	_____
_____	_____	_____
_____	_____	_____
_____	_____	_____
_____	_____	_____
_____	_____	_____
_____	_____	_____
_____	_____	_____
_____	_____	_____
_____	_____	_____
_____	_____	_____

Total Checks: _____

TOTAL COLLECTIONS: _____

Income from other Ministries

Amount	Purpose
_____	_____
_____	_____
_____	_____

Chesked By:

1. _____

2. _____

_____

Collection Count Sheet

Date: _____

☐ Tithes / Offerings ☐ Ministry Event

Cash Received

	Qty	Amount
$100 x	_____	_____
$50 x	_____	_____
$20 x	_____	_____
$10 x	_____	_____
$5 x	_____	_____
$1 x	_____	_____

Total Currency: _____

Total Coins: _____

Cheques Received

Check No.	Contributor	Amount
_____	_____	_____
_____	_____	_____
_____	_____	_____
_____	_____	_____
_____	_____	_____
_____	_____	_____
_____	_____	_____
_____	_____	_____
_____	_____	_____
_____	_____	_____
_____	_____	_____
_____	_____	_____
_____	_____	_____
_____	_____	_____
_____	_____	_____

Total Checks: _____

TOTAL COLLECTIONS: _____

Income from other Ministries

Amount	Purpose
_____	_____
_____	_____
_____	_____

Chesked By:

1. _____

2. _____

Collection Count Sheet

Date: _____

☐ Tithes / Offerings   ☐ Ministry Event

Cash Received

	Qty		Amount
$100	x	_____	_____
$50	x	_____	_____
$20	x	_____	_____
$10	x	_____	_____
$5	x	_____	_____
$1	x	_____	_____

Total Currency: _____

Total Coins: _____

Cheques Received

Check No.	Contributor	Amount
_____	_____	_____
_____	_____	_____
_____	_____	_____
_____	_____	_____
_____	_____	_____
_____	_____	_____
_____	_____	_____
_____	_____	_____
_____	_____	_____
_____	_____	_____
_____	_____	_____
_____	_____	_____
_____	_____	_____
_____	_____	_____
_____	_____	_____

Total Checks: _____

TOTAL COLLECTIONS: _____

Income from other Ministries

Amount	Purpose
_____	_____
_____	_____
_____	_____

Chesked By:

1. _____

2. _____

Collection Count Sheet

Date: _____

☐ Tithes / Offerings   ☐ Ministry Event

Cash Received

	Qty	Amount
$100 x	_____	_____
$50 x	_____	_____
$20 x	_____	_____
$10 x	_____	_____
$5 x	_____	_____
$1 x	_____	_____

Total Currency: _____

Total Coins: _____

Cheques Received

Check No.	Contributor	Amount
_____	_____	_____
_____	_____	_____
_____	_____	_____
_____	_____	_____
_____	_____	_____
_____	_____	_____
_____	_____	_____
_____	_____	_____
_____	_____	_____
_____	_____	_____
_____	_____	_____
_____	_____	_____
_____	_____	_____
_____	_____	_____
_____	_____	_____
_____	_____	_____
_____	_____	_____

Total Checks: _____

TOTAL COLLECTIONS: _____

Income from other Ministries

Amount	Purpose
_____	_____
_____	_____
_____	_____

Chesked By:

1. _____

2. _____

Collection Count Sheet

Date: _____

☐ Tithes / Offerings   ☐ Ministry Event

Cash Received

	Qty	Amount
$100 x	_____	_____
$50 x	_____	_____
$20 x	_____	_____
$10 x	_____	_____
$5 x	_____	_____
$1 x	_____	_____

Total Currency: _____

Total Coins: _____

Cheques Received

Check No.	Contributor	Amount
_____	_____	_____
_____	_____	_____
_____	_____	_____
_____	_____	_____
_____	_____	_____
_____	_____	_____
_____	_____	_____
_____	_____	_____
_____	_____	_____
_____	_____	_____
_____	_____	_____
_____	_____	_____
_____	_____	_____
_____	_____	_____

Total Checks: _____

TOTAL COLLECTIONS: _____

Income from other Ministries

Amount	Purpose
_____	_____
_____	_____
_____	_____

Chesked By:

1. _____

2. _____

Collection Count Sheet

Date: _____

☐ Tithes / Offerings ☐ Ministry Event

Cash Received

	Qty	Amount
$100 x	_____	_____
$50 x	_____	_____
$20 x	_____	_____
$10 x	_____	_____
$5 x	_____	_____
$1 x	_____	_____

Total Currency: _____

Total Coins: _____

Cheques Received

Check No.	Contributor	Amount
_____	_____	_____
_____	_____	_____
_____	_____	_____
_____	_____	_____
_____	_____	_____
_____	_____	_____
_____	_____	_____
_____	_____	_____
_____	_____	_____
_____	_____	_____
_____	_____	_____
_____	_____	_____
_____	_____	_____
_____	_____	_____
_____	_____	_____
_____	_____	_____
_____	_____	_____
_____	_____	_____

Total Checks: _____

TOTAL COLLECTIONS: _____

Income from other Ministries

Amount	Purpose
_____	_____
_____	_____
_____	_____

Chesked By:

1. _____

2. _____

Collection Count Sheet

Date: _____

☐ Tithes / Offerings   ☐ Ministry Event

Cash Received

	Qty	Amount
$100 x	_____	_____
$50 x	_____	_____
$20 x	_____	_____
$10 x	_____	_____
$5 x	_____	_____
$1 x	_____	_____

Total Currency: _____

Total Coins: _____

Cheques Received

Check No.	Contributor	Amount
_____	_____	_____
_____	_____	_____
_____	_____	_____
_____	_____	_____
_____	_____	_____
_____	_____	_____
_____	_____	_____
_____	_____	_____
_____	_____	_____
_____	_____	_____
_____	_____	_____
_____	_____	_____
_____	_____	_____
_____	_____	_____
_____	_____	_____
_____	_____	_____
_____	_____	_____
_____	_____	_____

Total Checks: _____

TOTAL COLLECTIONS: _____

Income from other Ministries

Amount	Purpose
_____	_____
_____	_____
_____	_____

Chesked By:

1. _____

2. _____

Collection Count Sheet

Date: _____

☐ Tithes / Offerings   ☐ Ministry Event

Cash Received

	Qty	Amount
$100 x	_____	_____
$50 x	_____	_____
$20 x	_____	_____
$10 x	_____	_____
$5 x	_____	_____
$1 x	_____	_____

Total Currency: _____

Total Coins: _____

Cheques Received

Check No.	Contributor	Amount
_____	_____	_____
_____	_____	_____
_____	_____	_____
_____	_____	_____
_____	_____	_____
_____	_____	_____
_____	_____	_____
_____	_____	_____
_____	_____	_____
_____	_____	_____
_____	_____	_____
_____	_____	_____
_____	_____	_____
_____	_____	_____
_____	_____	_____

Total Checks: _____

TOTAL COLLECTIONS: _____

Income from other Ministries

Amount	Purpose
_____	_____
_____	_____
_____	_____

Chesked By:

1. _____

2. _____

Collection Count Sheet

Date: _____

☐ Tithes / Offerings   ☐ Ministry Event

Cash Received

	Qty		Amount
$100	x	_____	_____
$50	x	_____	_____
$20	x	_____	_____
$10	x	_____	_____
$5	x	_____	_____
$1	x	_____	_____

Total Currency: _____

Total Coins: _____

Cheques Received

Check No.	Contributor	Amount
_____	_____	_____
_____	_____	_____
_____	_____	_____
_____	_____	_____
_____	_____	_____
_____	_____	_____
_____	_____	_____
_____	_____	_____
_____	_____	_____
_____	_____	_____
_____	_____	_____
_____	_____	_____
_____	_____	_____
_____	_____	_____
_____	_____	_____
_____	_____	_____

Total Checks: _____

TOTAL COLLECTIONS: _____

Income from other Ministries

Amount	Purpose
_____	_____
_____	_____
_____	_____

Chesked By:

1. _____

2. _____

Collection Count Sheet

Date: _____

☐ Tithes / Offerings   ☐ Ministry Event

Cash Received

	Qty	Amount
$100 x	_____	_____
$50 x	_____	_____
$20 x	_____	_____
$10 x	_____	_____
$5 x	_____	_____
$1 x	_____	_____

Total Currency: _____

Total Coins: _____

Cheques Received

Check No.	Contributor	Amount
_____	_____	_____
_____	_____	_____
_____	_____	_____
_____	_____	_____
_____	_____	_____
_____	_____	_____
_____	_____	_____
_____	_____	_____
_____	_____	_____
_____	_____	_____
_____	_____	_____
_____	_____	_____
_____	_____	_____
_____	_____	_____
_____	_____	_____
_____	_____	_____
_____	_____	_____
_____	_____	_____

Total Checks: _____

TOTAL COLLECTIONS: _____

Income from other Ministries

Amount	Purpose
_____	_____
_____	_____
_____	_____

Chesked By:

1. _____

2. _____

Collection Count Sheet

Date: _____

☐ Tithes / Offerings   ☐ Ministry Event

Cash Received

	Qty		Amount
$100 x	_____		_____
$50 x	_____		_____
$20 x	_____		_____
$10 x	_____		_____
$5 x	_____		_____
$1 x	_____		_____

Total Currency: _____

Total Coins: _____

Cheques Received

Check No.	Contributor	Amount
_____	_____	_____
_____	_____	_____
_____	_____	_____
_____	_____	_____
_____	_____	_____
_____	_____	_____
_____	_____	_____
_____	_____	_____
_____	_____	_____
_____	_____	_____
_____	_____	_____
_____	_____	_____
_____	_____	_____
_____	_____	_____
_____	_____	_____
_____	_____	_____
_____	_____	_____
_____	_____	_____

Total Checks: _____

TOTAL COLLECTIONS: _____

Income from other Ministries

Amount	Purpose
_____	_____
_____	_____
_____	_____

Chesked By:

1. _____

2. _____

Collection Count Sheet

Date: _____

☐ Tithes / Offerings   ☐ Ministry Event

Cash Received

	Qty	Amount
$100 x	_____	_____
$50 x	_____	_____
$20 x	_____	_____
$10 x	_____	_____
$5 x	_____	_____
$1 x	_____	_____

Total Currency: _____

Total Coins: _____

Cheques Received

Check No.	Contributor	Amount
_____	_____	_____
_____	_____	_____
_____	_____	_____
_____	_____	_____
_____	_____	_____
_____	_____	_____
_____	_____	_____
_____	_____	_____
_____	_____	_____
_____	_____	_____
_____	_____	_____
_____	_____	_____
_____	_____	_____
_____	_____	_____
_____	_____	_____
_____	_____	_____

Total Checks: _____

TOTAL COLLECTIONS: _____

Income from other Ministries

Amount	Purpose
_____	_____
_____	_____
_____	_____

Chesked By:

1. _____

2. _____

Collection Count Sheet

Date: _____

☐ Tithes / Offerings   ☐ Ministry Event

Cash Received

	Qty	Amount
$100 x	_____	_____
$50 x	_____	_____
$20 x	_____	_____
$10 x	_____	_____
$5 x	_____	_____
$1 x	_____	_____

Total Currency: _____

Total Coins: _____

Cheques Received

Check No.	Contributor	Amount
_____	_____	_____
_____	_____	_____
_____	_____	_____
_____	_____	_____
_____	_____	_____
_____	_____	_____
_____	_____	_____
_____	_____	_____
_____	_____	_____
_____	_____	_____
_____	_____	_____
_____	_____	_____
_____	_____	_____
_____	_____	_____
_____	_____	_____

Total Checks: _____

TOTAL COLLECTIONS: _____

Income from other Ministries

Amount	Purpose
_____	_____
_____	_____
_____	_____

Chesked By:

1. _____

2. _____

www.ingramcontent.com/pod-product-compliance
Lightning Source LLC
Chambersburg PA
CBHW081159180526
45170CB00006B/2149